Poesía exiliada y pateada

POESÍA EXILIADA Y PATEADA

(Selección y notas de José Abreu Felippe)

ALEXANDRIA
LIBRARY
PUBLISHING HOUSE
MIAMI

De esta edición:
© José Abreu Felippe, 2016

© Herederos de Reinaldo Arenas
© Herederos de Jorge Oliva
© Herederos de René Ariza
© Herederos de Roberto Valero
© Herederos de David Lago
© Herederos de Esteban Luis Cárdenas
© Herederos de Leandro Eduardo Campa
© Del epílogo, Luis de la Paz

ISBN: 978-1530542222

Esta publicación no puede ser reproducida, distribuida o transmitida en cualquier forma o por cualquier medio, incluyendo fotocopia, grabación u otros métodos electrónicos o mecánicos, sin la previa autorización por escrito del autor, excepto en el caso de citas breves en comentarios críticos y otros usos no comerciales permitidos por la ley de derechos de autor. Para las solicitudes de permiso, escriba al autor a la siguiente dirección electrónica: joseabreu2010@comcast.net.

Diseño de portada y foto del autor: Luis de la Paz

www.alexlib.com

Poesía ignorada y olvidada nombró el colombiano Jorge Zalamea (1905-1969) a uno de sus más bellos trabajos, un estudio y recopilación precisamente de eso a que alude el título. Pienso en ese libro al agrupar aquí a siete poetas cubanos extraordinarios, siete voces auténticas y muy diferentes entre sí, porque a pesar de ser nuestros contemporáneos, su poesía es ignorada y olvidada. Y también exiliada y pateada.

Índice

Reinaldo Arenas 11
   Voluntad de vivir manifestándose
   Sonetos desde el infierno
     Todo lo que pudo ser aunque haya sido . . . 13
     En oscura prisión voy naufragando 14
Jorge Oliva 17
   Washington square:
   Crónica de los pobres amantes. 18
   Maricones en el césped 21
René Ariza 23
   Qué trampa. 24
   El loco del café 25
   Llego en sueños 26
Roberto Valero 29
   Tu imagen y semejanza 30
   Entre el olvido y el voyager 31
David Lago 35
   Cuando te marchas 37
   Te obsesiona. 39
Esteban Luis Cárdenas 41
   El loco. 42
   Un borracho y la policía 44
   Vigía. 46
Leandro Eduardo Campa 49
   Little Havana Memorial Park 50
     I 50
     II 51
     III 52
Nota final 55
Epílogo para los poetas exiliados 57

Foto: ©José Abreu Felippe.

REINALDO ARENAS (1943-1990) es el más conocido de los que aquí reúno, pero más como narrador que como poeta. Sin embargo, para mí, Rei fue sobre todas las cosas, un poeta. Un poeta total. La poesía está en toda su obra. Desde cualquier página de su *Celestino antes del alba* hasta *Antes que anochezca*, pasando por *El mundo alucinante* –¿quién, que lo haya leído, puede olvidar esa página de angustiosa poesía donde el fraile, ya al final, se mira las manos?– y su obra maestra, a mi entender, *Otra vez el mar* –"Llegado del trabajo obligatorio, bañados y entalcados los cojones, puesto el calzoncillo blanco, sentado ya en el sillón de la sala, una limonada en el vaso, un libro en las rodillas... He aquí el resumen, la conclusión, el desastre: la vida está pasando"–. Lo que él llamaba su poesía la agrupó en dos libros *Leprosorio* –que incluye *El central* y *Morir en junio y con la lengua afuera* ("ah estallar"), y el que da título al volumen– y *Voluntad de vivir manifestándose*. Ambos publicados primeramente por Betania en Madrid. Los poemas que aparecen aquí son de este último libro.

Voluntad de vivir manifestándose

Ahora me comen.
Ahora siento cómo suben y me tiran de las uñas.
Oigo su roer llegarme hasta los testículos.
Tierra, me echan tierra.
Bailan, bailan sobre este montón de tierra
y piedra
que me cubre.
Me aplastan y vituperan
repitiendo no sé qué aberrante resolución que me atañe.
      Me han sepultado.
Han danzado sobre mí.
Han apisonado bien el suelo.
Se han ido, se han ido dejándome bien muerto y enterrado.

      Este es mi momento.

                    (Prisión del Morro. La Habana, 1975)

Sonetos desde el infierno

Todo lo que pudo ser, aunque haya sido,
jamás ha sido como fue soñado.
El dios de la miseria se ha encargado
de darle a la realidad otro sentido.

Otro sentido, nunca presentido,
cubre hasta el deseo realizado;
de modo que el placer aun disfrutado
jamás podrá igualar al inventado.

Cuando tu sueño se haya realizado
(difícil, muy difícil cometido)
no habrá la sensación de haber triunfado,

más bien queda en el cerebro fatigado
la oscura intuición de haber vivido
bajo perenne estafa sometido.

(La Habana, 1972)

En oscura prisión voy naufragando
mientras me evado de diez mil prisiones;
cada paso que doy lo doy pensando:
menos que esto ha costado paredones.

No más soñar, no más canciones;
ni siquiera aquellas concebidas
o por el estertor de mil heridas
o por el azar de improvisaciones.

Del infierno al final vamos llegando,
cúmulo fijo de resoluciones
no por horribles menos conocidas.

A éste un par de medias le voy dando;
a aquél del calzoncillo los botones.
Lo demás se acabó, era mi vida.

(La Habana, 1973)

Foto: © Daniel Fernández.

JORGE OLIVA (1948-1986). Poco sé de él, salvo lo que algunos de sus amigos me han contado. Reinaldo Arenas lo convirtió en personaje y lo incluyó en su temible *El color del verano*. Jorge escapó de Cuba, nadando, por la Base de Guantánamo en compañía de un amigo. En Estados Unidos dio clases en algunas universidades y publicó dos libros de poesía, *Donde una llama nunca se apaga* –premiado en México– y *Guantánamo Bay* –premiado en Nueva York–. En Cuba llegó a publicar un libro que no conozco. "Sobre Jorge Oliva –me comentó Carlos Victoria (1950-2007)– sólo puedo decir que era un enamorado de la literatura, un poeta talentoso que combinaba un gran sentido del humor con un lenguaje tajante". Se dice que Oliva dejó varios libros inéditos, que no sé en poder que quién estarán. Se publicó en alguna parte que sus cenizas fueron llevadas a Cuba y dispersadas en El Guaso, un río que desagua en la Bahía de Guantánamo. Recientemente La Habana, siguiendo su actual afición a la necrofilia publicó *Donde una llama nunca se apaga*, con prólogo de Pablo Armando Fernández.

Washington square: Crónica de los pobres amantes

Para Robin Goldsmith

Ella,
Cubanita durísima
Par de tetas fabulosas
Cabellos natural-look by Revlon
Boca encendida Roses and Fire by Elizabeth Arden
Nalgas ceñidísimas by Calvin Klein jeans
Encaramada en sandalias finísimas
De un sutil tacón palillo by Charles Jourdan
Envuelta casi acariciada por el aire subyugante
De Opium by Yves St. Laurent
Dramáticamente "sencilla"
Toda Bloomingdale´s Saturday Generation
Sofocada
Le dice que no
Que qué va mi vida
Que ya no lo aguanta
Que no lo soporta más
Que es demasiado cuanto le duele dentro
Que la envenena de azules
Que estoy atacada coño
Que esto se acabó ya
Y se dispone a abandonarlo
Definitivamente
      Pero al rato

vuelve con la musiquita
Ma-cha-ca
Que la preocupa enormemente
Su inestabilidad económica
Su anémica solvencia sentimental
(Las de él, of course!)
Y reitera n-veces
Que asume un riesgo imponderable
Si se le llega a entregar
Que no puede ni debe
Que déjate de eso mi niño que jamás que never
Que nunca dará ese mal paso
Aunque él insista le jure y le perjure
Aunque él le garantice lo agradable lo dulce
Cómo vas a gozar nena
Lo maravilloso que va a resultar...
   Él -your typical gringo
Pepsi Cola Generation 6 pies 2 pulgadas
De esos que cagan pura proteína
Dientes perfectos sonrisa Colgate
Un cuerpo que hay que joderse
Cara de apaga y vámonos Robert Redford
Blazer de paño caro y sneakers naturalmente Adidas
Habla un español "muy cute"
Pero decide hacer el silencio
Y ella lo acompaña (y resulta que el silencio
Es lo único que por un momento los une)
Luego se desesperan
Padecen súbitamente el eclipse

La incomunicación-Antonioni...
Pero en verdad ambos saben
   (Adoran el teatro)
Que todo no es más que un juego
Una puesta en escena
Una coña sublime:
    Él lo que tiene
Es un hambre perra de su cuerpo
      Y ella
Se está inventando la historia de un gran amor.

Maricones en el césped
(On the Waterfront)

Frente a tanta confusión
    y la creciente depresión económica
    el alto costo de la vida
    el alza de la renta y del crimen
    el Punk Art como protesta irrisoria
    la incomunicación en todos los niveles
    y el increíble desperdicio de la supersociedad
        de consumo
En medio de la tarde radiante del West Village
    y esta realidad en bancarrota de fin de siglo
Estos animales absurdos
               magníficos
Están reinventando la ternura
               el sexo
El amor otro.

    (De *Donde una llama nunca se apaga*, Madrid, 1984)

Foto: © Néstor Almendros.

RENÉ ARIZA (1940-1997). Dramaturgo, poeta y pintor. Más conocido como dramaturgo y como pintor por los dibujos que hacía de Cristo, con las dos manos y los ojos vendados. Actuaba sus propios relatos, algunos más que memorables, como *Los bravos*. Verlo en escena era toda una experiencia única. También decía con un sarcasmo desolado el acta de su propia sentencia. Fue condenado a ocho años de prisión acusado de "diversionismo ideológico" y por obras "carentes de valor artístico" escritas "en contra de los intereses de nuestro pueblo, de nuestro Primer Ministro Comandante Fidel Castro Ruz, mártires de nuestra patria y demás dirigentes nuestros". Salió muy maltrecho de la cárcel. Logró escapar de Cuba en 1980, durante el Éxodo del Mariel. Apareció en el documental *Conducta impropia*. Lo conocí en Cuba durante una lectura dramatizada que hizo de su obra *La vuelta a la manzana* y luego me reencontré con él en el exilio. No era ni su sombra. Publicó varios libros, entre ellos, *Cuentos breves y brevísimos* y *Escrito hasta en los bordes*. He aquí una muestra de su poesía.

Qué trampa...

Qué trampa tan bien hecha nos han hecho
que somos el ratón y la carnada
la pared y la punta de la espada
el embudo y su cono más estrecho

¡Qué modo de torcernos tan derecho:
a un mismo tiempo crimen y coartada,
se escucha en la atmósfera enlutada
un ronronear de gato satisfecho.

Y un grito que penetra por el pecho
y un dolor de pared ensangrentada;
y un veneno que a gota destilada

baja a la ancha miel, de otros provecho.
¡Qué trampa tan bien hecha y adornada
con nuestro propio estilo contrahecho!

(Prisión de El Morro, 1976)

El loco del café

El loco el café pelea con sombras
que asoman a su noche despiadada.
De un desmedido amor necesitado
como niebla de olvido
que borrase
las fronteras de su alma,
el loco del café bebe taza
tras taza,
contando moneditas
que se acaban.

(Las risas de los cuerdos entrechocan en torno
sus copas como espadas).

Llego en sueños

El poeta no encontraba
puentes que le llevasen al corazón de todos.
Extraviado el camino
en una noche de insultantes estrellas,
halló su propio corazón
tiritando bajo una piedra negra.

Háblale al corazón,
viejo poeta dormido,
háblale al corazón.

Quizá el consienta
en andar, aún con todas sus heridas,
por sobre los carbones en ascuas del silencio.
Y por entre el fragor de las viejas batallas
que parecen sin término.

Háblale al corazón.
¡Díle que es posible
el más amado de los imposibles!

(Tomado del libro, *Escrito hasta en los bordes*)

Foto: © María Badías, Vda. de Valero

ROBERTO VALERO (1955-1994), matancero, y marielito como Arenas, fue uno de los 10,800 cubanos que se exilió en la embajada de Perú en La Habana en 1980. Atrás quedaron sus hijas que Fidel Castro convirtió en rehenes y que nunca volvió a ver a pesar de sus denuncias en todos los foros imaginables. En Estados Unidos dio clases en una Universidad, como Jorge Oliva, y obtuvo premios y distinciones. Fue uno de los locos ilusos que fundaron la mítica revista Mariel. Publicó varios libros de poesía (*Desde uno oscuro ángulo* y *En fin, la noche*, entre otros) y también ensayos, uno de ellos, *El desamparado humor de Reinaldo Arenas*, premio Letras de Oro. Los poemas que aquí reproducimos, son inéditos, facilitados, por su viuda, la excelente pintora y gran mujer, María Badías.

Tu imagen y semejanza

Es bueno recordarlo, somos divinos.
Saber que sientes este cansancio tan enérgico,
la fiebre, los dolores, un miedo largo,
las palabras dichas con rencor
        y las palabras que no se dijeron,
sientes esa presencia tan sólida que anoche me acompañó
        y era la muerte.
También tú, Señor, tienes Sida
y lo compartes con nosotros.
Tú sí puedes decir que lucharemos juntos
y enviar un ángel que expulse a aletazos los virus
como mercaderes ladrones
porque mi cuerpo es tu templo.
No olvido, sin embargo,
que no descendió el ángel a desclavarte
no hubo descrucifixión.
¿por qué reclamar entonces, para mí,
        un lujo que no quisiste darte?
¿Qué no podías darte?

(Agosto 18, 1993)

Entre el olvido y el voyager

Todos deseamos ser turistas
llegar allá
arribar
        aterrizar
                desembarcar lejos
donde los habitantes
                hastiados
anhelan la espalda
        azul o verde
del horizonte mismo.
Después descubres que cada héroe
                cada ciudad
                cada artista
                cada objeto o idea
posee también la otra cara de la luna:
en esencia podar un árbol hasta hacerlo bonsai
es producir monstruos
como los dioses que se complacen y empeñan en
        coleccionar idiotas
homicidas
tanta rareza mental
estrella que danza en compañía de otra
astros gemelos
la pared del universo viajando a través de la nada
        integral
supernovas y estos dolores pequeños

en Júpiter los colores interactúan en forma inimaginable
los volcanes activos de otro aerolito que no habitamos
viento solar
sistemas binarios
estrellas que danzan con su compañera
Beta Pictorus
y como estoy recordando
aquí:
planeta Tierra, mundo oxigenado del sistema solar,
¡Ja!, sistema solar, buena dirección para encontrarnos
cuando existen billones de soles,
aquí,
en un parque infantil donde mi niño corre de la canal al
    tiovivo
donde mi esperanza monta cachumbambé
mientras él me trae la comida hecha de arena
y como estoy aquí
olvidaba la magnitud y gravedad del origen del poema
para qué decir que aún te espero.

                              (Washington, junio 2, 1991)

Foto: © Luis de la Paz.

David Lago González (Camagüey, 1950-Madrid, 2011). En Madrid publicó varios libros de poemas, entre ellos, *Resaca del absurdo* y *Los hilos del tapiz*. Hace unos años me mandó un libro con una dedicatoria que empieza así: "Al carajo los editores depredadores". El libro se llama *La fascinación de lo difícil* y es una joya que en un futuro se convertirá en codiciada pieza de coleccionistas. Se sudó, más que se editó, bajo el propio sello que creó su autor: *Ediciones Timbalito*. En una nota, al final, que es una declaración de principios, David explica el nombre −por otro lado, obvio para la mayoría de los cubanos, al menos en alguna de sus acepciones− de su sello. Resulta que Timbalito es una ampliación de una barrio marginal camagüeyano, más marginal aún si es esto posible que el original. Me parece un nombre estupendo y muy apropiado para la editorial de un exiliado cubano. Sólo le reprocho el diminutivo.

CUANDO TE MARCHAS y yo quedo a solas,
[aparentemente
libre para moverme entre la multitud como una sombra
[o como un pájaro,
me vienen a la mente borrosas cicatrices que tu rumbo
[lejano va marcando sin saber,
y el aire de las calles se llena de parches,
de apartes caligrafiados en un extremo rayando el borde
[mismo
donde el encuadre desaparece para dar paso al vacío.
En todos ellos se representa un mundo que no me
[pertenece.
En todos ellos respiran otros seres para los que
[construyes una casa en miniatura:
sus balancines moviéndose sin ruido,
las camas diminutas cubiertas de blanco por una colcha
[tejida por manos que no existen;
y tus dedos se mueven como gigantes entre voces de un
[infinitesimal tamaño,
a las que enseñas la jerga fascinante de las aves, la
[contraseña de las plantas.
En la noche, cuando esos enanitos de mágica apariencia
[desaparecen bajo las sábanas,
bajo las tuyas alguien te besa sin que yo pueda remediarlo.
Yo existo en otro paralelo, en otra dimensión de las
[sombras;
viajo hasta el borde mismo del mundo real en que te dejo
[sobre la línea invisible:

imposible y cruel frontera por donde te evaporas.
Cuando te marchas, yo regreso. Y comenzamos a navegar
                    [sobre dos islas distintas.
Saber que no necesitas del sol que sobre la mía acude al
                    [amanecer
repitiendo cada día su truco de magia, su hazaña histórica,
                    [es sentir la derrota
de no poder sustituir la luz que atraviesa las ramas de los
                    [árboles y llega a las raíces
que como venas silenciosas ensanchan tu isla hacia la
                    [mañana de impenetrable lejanía.
Y echo en falta esa isla tuya, en la que nunca pensé y que
                    [jamás tendré,
porque creí que me deslizaba sobre un continente,
sobre un amplio, espacioso y controlable vértigo de
                    [armonía,
sin saber que me apoyaba sobre una rama débil
y que de tanto posarme en ella, mi peso de pájaro endeble
                    [la quebraría.

Y ahora vuelvo sobre mi isla, no me poso jamás,
tal vez porque en ella no hay rama en qué posarme;
pero me acerco hasta la tuya, a la línea invisible por donde
                    [apareces,
y por un rato me agarro a tus dedos, que siguen moviéndose
                    [como gigantes
entre otros pálpitos de infinitesimal tamaño.

                    (1966. 7 de Diciembre.)

TE OBSESIONA terminar el trabajo: el cómo, el
[cuándo y dónde.
El por qué de sobra lo sabes.
Te obsesiona no dejar restos de comida que se pudran
y que manchen el mantel como una copa de vino
[derramada.
Quieres que la mesa quede recogida; la loza y la
[cubertería bien guardada,
si es posible añadiendo unos polvos de talco al cubertero
para que la plata se mantenga sin mácula.
En todo caso, puede incluso quedar el mantel extendido,
[sin retirar,
para que todos vean que el festín ha terminado y la vida
[te ha devorado.
A propósito, se ha comido bien en esta casa.
a pesar de algunos tiempos difíciles, no ha faltado algo
[que llevarse a la boca
y algún recuerdo que echarse al morral del cuerpo.
Pero ahora vives obnubilado por una terquedad: como
[si el fin
no fuera realmente el final y pudieras verlo después
[desde algún ángulo oculto.
Quieres ser tú quien acabe con la farsa.
No te ha salido del todo mal, la verdad: has engañado a
[la mayor parte;
aunque alguno habrá que sepa lo que sientes, pero no
[hay temor: no se atreverá a delatarte.

Te consideras su amigo, y los amigos, obren bien u obren
                              [mal,
son como pequeños dioses llenos de ternura y de manías
y aunque entremos y salgamos de su olimpo
ante ellos nos descalzamos siempre con un respeto que
                              [guarda silencio,
que contiene el amor y la comprensión que no sabemos
                              [dar a un amante
ni es capaz de darnos alguien que de nuestro cuerpo
                              [robas horas a la muerte.
Cómo, cuándo y dónde. Qué obsesión te persigue: ni te
                              [deja minuto para vivir tu libertad,
ni te deja en paz para morir los últimos rescoldos de las
                              [brasas.
Y te duele tanto; -ya ves, una cosa que no sabías antes:
son como cientos de colmillos coincidiendo en tu carne-.
Pero lo que más hiere es dejar de ser parte de su vida,
ser para siempre un secreto que nunca verá la luz.
Y te obsesiona que esa herida no trascienda
y que desaparezca con tu cuerpo tras el estruendo del
                              [silencio.

(1966. 14 de Enero.)
(De *La fascinación de lo difícil*, Madrid, 1999.)

Foto: © Luis de la Paz.

Esteban Luis Cárdenas nació en Ciego de Ávila, Camagüey, en 1945. Cualquiera que haya visto el impactante documental de Néstor Almendros y Jiménez Leal *Nadie escuchaba*, seguramente lo recordará. Un tipo simpático, narrando con gran sentido del humor un intento de fuga de la isla. En compañía de un amigo saltó desde una azotea para caer en los predios de la embajada Argentina en La Habana. Sufrió golpes y fracturas, pero retorciéndose por el jardín del palacete, logró pedir asilo. Los eficientes funcionarios de la embajada lo arrastraron hasta la calle donde la policía castrista lo capturó y encarceló. Nunca se recuperó del todo de aquellas lesiones y en Miami sufrió otras que lo lastimaron mucho. Gracias a la generosidad de algunos amigos, publicó en Miami tres libros de poesía *Cantos del centinela* (1993), *Ciudad mágica* (1997) y *Transfiguración* (2008). También siempre tendremos que agradecer a Juan Manuel Salvat, director de Ediciones Universal, la edición de su libro de relatos *Un café exquisito* (2001). El cuento del mismo nombre figura entre los mejores escritos por un cubano de cualquier época. Lo último que se supo de Esteban es que lo habían ingresado en un hospital. De esto ya hace años. Si murió, como se presume, se ignora cuándo y dónde reposan sus restos. (Una información no confirmada asegura que falleció el 8 de agosto de 2010).

El loco

Usaba la mirada como la humedad
cuando brilla en los cristales.

Salió del hospital
y vio los autos.
Eran Chevettes, V. W.

y camionetas japonesas.

El downtown estaba cerca.
Caminó lo mismo que en el hospital,
paso agotado, duro.

El loco veía trenes y escuchaba chillidos,
volando sobre el mar. Sirenas.
Edificios difusos y rápidos.

Era un loco tradicional, pero alerta.
Ideaba lagos artificiales y juguetes. Conflictos
en los suburbios y los centros comerciales.

Espejismos.

En Brickell Avenue,
jóvenes armados con lanza-llamas
y refrescos, arremetían

contra los brillos de las fachadas
y la división perfecta
de los bancos.
Era un loco sin prisas,
que miraba con sosiego, las piruetas.

Los autos continuaban moviéndose.
Autos de personas separadas.

Rarezas.

Las cosas –de todos modos– permanecían cercanas
para el loco.

Edificios de espejo.
Cárceles.

Serie de dibujos
expresivos.

Los misterios no reposan.
Curvas. Sinuosidades de seres.
Los espejismos se retuercen:
Iluminaciones y cánticos de violencia.

El loco seguía.
Paso agitado, duro.

Un borracho y la policía

Caminaba sobre un hilo
de asfalto, escoltado por los policías.

Era un borracho.

Conducía el automóvil sin frenos
y cometió otras infracciones.
La policía lo detuvo.

La policía intenta siempre
detener a los borrachos.

Un borracho solitario
en un auto sin frenos es peligroso,
aún sin cometer otras infracciones. Hace rechinar
los neumáticos y sus propios zapatos (ya inexistentes)
lo impulsan contra los movimientos
de las sombras.

Los policías
lo obligaron a caminar sobre el hilo
de asfalto y lo humillaron. Había también
una mujer-policía.

Era un borracho
que no tenía zapatos,

zigzagueaba en la pista y le dolían
los labios y los pies desnudos.

La policía sonreía.
Era de noche
y el borracho danzaba
sobre el asfalto.

Los policías gritaron
mientras lo conducían al precipicio.

No había sombras. Se habían ido.

El borracho cometía infracciones. La policía
detiene los borrachos y los obliga
a cometer infracciones.

Un borracho solitario (tras el timón)
se deslizaba sobre el asfalto
y no había policías.

Vigía

Su rostro parecía el ahogo
de una máscara.

Nació en un lugar
donde la gente hablaba poco
y no conocía el ruido de los autos,
ni los caminos rápidos.

Fumaba, entonces, en su pipa
y veía irse los golpes,
en los días.

Por su mirada se suponía
que había matado a alguien;
él nunca decía nada
y casi no importaba.

Era un vigía,
hombre también perplejo,
apretado en las brisas del río,
junto al humo implacable de su pipa
y aquel rostro filudo, como el ahogo
de una máscara.

(De *Ciudad mágica*, Éditions Deleatur, París, 1997)

Foto: © Luis de la Paz.

Leandro Eduardo Campa (La Habana, 1957), Eddy Campa para sus amigos, es una de las voces más nuevas y frescas del exilio cubano. En Cuba, siendo un adolescente cae preso durante una las rutinarias recogidas que hace la policía y lo acusan de hippie. Sufre prisión, más tarde escribe *Calle Estrella y otros poemas*, que intenta enviar a un concurso en Venezuela, pero el libro es interceptado por la Seguridad del Estado y lo vuelven a encarcelar. Años después fue expulsado de la universidad por pensar con su cabeza, delito gravísimo en ese país, y terminó formando parte del éxodo del Mariel en 1980. En Miami, deambuló, como sus personajes, como uno más entre ellos, con los ojos desmesuradamente abiertos, por las calles de La Pequeña Habana, como por un cementerio particular. Así surgió su *Little Havana Memorial Park* (1998), un libro duro y tierno a la vez, irreverente y desolado. Sus poemas se sientan en los quicios, a la sombra de los latones de basura, al sopor de la tarde y cantan. Un buen día Eddy desapareció sin dejar rastro. Se le presume muerto. Dejó inédito un libro de cuentos: *Curso para estafar y otras historias*.

Little Havana Memorial Park

I

Cuanto queda de Little Havana
es un quicio: el atardecer lo cubre;
todos los atardeceres se unen para cubrirlo.

En ese quicio dejamos sentada
nuestra sentencia.
Vidas que fueron un número
menos inequívoco que el del Seguro Social
edificaron este panteón:
    Wichinchi;
    Quintana;
    Orlando, el ecuatoriano;
    Frank, el jugador;
    Ordóñez, el Puro;
    Miranda, el escurridizo;
    Sherman, el misterioso;
    Rosario, la puta;
    Reina;
    Maritza, la loca;
    Mr. Douglas, el Capitán de Navío;
    Dantón, el policía de los ojos claros;
    Oti, la mujer de Mr. Dinero;
    Papiro, el usurero;
    Mr. Dinero;
    Pedro Marihuana;

Jorge Ávila, el atómico;
Maldonado, el alcalde;
Mirtha B. Moraflores;
Eddy Campa, el poeta
y otros, otros.

Todos, todos estamos en Memorial Park.

II
¡Cómo nos vemos obligados a revivir
en este cementerio las alegrías
y las tristezas de Little Havana!

¿Quién puede olvidar a Papiro, el usurero
y su guerra a muerte con Mr. Dinero
por el amor de Rosario, la puta? (Aquí,
en la eterna discordia reunidos).
Donde nace el resplandor del esta columna,
refulgía el almendro al que Papiro se recostaba
en su silla de tijera que abría
como piernas de mujer
     Y se dormía;
se dormía bajo el clamor de los almendros
en las mañanas de bajo income.
    Y la gente deseando
    que jamás despertara;
pero esto nunca ocurría,
y cuando despertaba
hasta el indigente olvidaba su miseria.

"Al veinte por ciento,
señores" -aclaraba él.

Y venían perseguidoras, ambulancias y bomberos
y Maritza, la loca, detrás de las gaviotas
y Wichinchi Prenda Fu cantando guagancó
y Pedro Marihuana pregonando su mercancía
y Eddy Campa, el poeta, recitando sus poemas,
    mientras el viejo halcón
      de la usura,
en su sueño simulado,
pensaba en la negra que lo recogió
de niño, cuando él mendigaba por La Habana.

"Todo lo que tengo, madrecita,
es para ti cuando muera".

Eso le dijo.

Pero,
¿qué se habrá hecho
de la camioneta de Papiro, el usurero?
La camioneta roja de doble cabina, marca Ford.

III

¿Dónde están las palomas de la Iglesia
Misionera de Dios?

¡Ah, Maldonado

qué tiempos aquellos de tus arengas
en el billar de Ramoncito, el babalao!

"Necesito tu voto, ciudadano".

Y tus palabras se escuchaban con más atención
que las del Presidente sobre el Estado de la Unión;
y "King Kong", el coin-man, te levantaba en sus brazos
y Maritza, la loca, te ofrecía su cerveza
y Tomás, el pordiosero, te regalaba sus centavos.

Pero tú no olvidabas tus palomas;
        tú no olvidabas
que no hay amor que supere el odio superado,
que no hay sapiencia que aventaje
la sonrisa de un hombre realmente feliz.

Tenme contigo en el aliento de los bosques vírgenes
y en el simple saludo;
    en las palomas que anidan sobre tu tumba
      y en las luces que jamás claudican.

El billar de Ramoncito cierra sus puertas a las once de la
                                                      [noche,
las sillas se colocan patas arriba sobre el verde tapete,
y nos dormimos.

Nota final

Con esta brevísima selección sólo pretendo mostrar un poro de la piel –del cuerpo– de cierta poesía que ha sufrido el espanto cubano. Faltan muchos poetas, demasiados tal vez –entre ellos el joven suicida Juan Francisco Pulido y José Mario, fundador del grupo El Puente, por mencionar solo a dos–, porque en el fondo toda o casi toda la poesía que se ha hecho en el exilio ha sido parida con dolor. No ese dolor esperado por cualquier parto, sino otro, del que sólo saben los hombres y mujeres que han sufrido el exilio. He preferido a éstos y no a otros, en primer lugar porque pienso que son representativos de lo que planteo, y en segundo lugar porque me gustan a rabiar. O al revés.

Miami, exilio, noviembre de 2011

Epílogo para los poetas exiliados

Luis de la Paz

Quizás lo más acertado hubiera sido escribir un texto introductorio para poner en contexto este pequeño, pero sólido libro, que ha compilado el escritor José Abreu Felippe, pero me parece que resulta más sensato hacerlo ahora, al cerrar el volumen, cuando ya el lector ha podido recrearse con los poemas seleccionados y conocer, a través de las reseñas biográficas, a los autores incluidos.

Esta selección poética la realizó Abreu Felippe para un evento convocado por el Pen Club de Escritores Cubanos en el Exilio, en marzo del 2002. Desde entonces el libro ha estado engavetado, y no precisamente por falta de voluntad para publicarlo, sino por consideraciones de derechos de autor. En aquel entonces, ya habían fallecido Oliva, Arenas, Ariza y Valero. Los otros tres poetas, Cárdenas, Campa y Lago, autorizaron la inclusión de sus textos, al igual que María Badías-Valero, la viuda de Roberto, que le entregó al compilador los poemas de su esposo, por demás inéditos.

Catorce años después de la presentación de estos textos y autores en el Koubek Center, en aquella época todavía bajo la administración de la Universidad de Miami (hoy pertenece al Miami Dade College), se hace necesario, más que nunca, la edición de esta colección, más cuando los siete poetas reunidos han fallecido. Por otro lado, los "cambios" que han ido convirtiendo al cubano en un emigrante, a pesar de la permanencia de la dictadura cubana por casi seis décadas, impulsan la urgencia de esta edición, con el propósito de destacar la obra de algunos poetas cubanos exiliados esenciales.

Poesía exiliada y pateada, muestra el rostro de un grupo de cubanos, que fue víctima de la persecución intelectual en la isla; poetas que fueron encarcelados por sus ideas, y condenados al ostracismo por el aparato cultural cubano. Los siete tuvieron que partir al exilio entre finales de los años setenta y principio de los ochenta.

La obra de los autores reunidos ha ido depositándose en ese peligroso limbo, donde caen los escritores por el paso del tiempo, sin que ese silencio tenga nada que ver con la calidad de la obra, sino por la falta de nuevas ediciones, estudios y la inevitable fuerza de autores de hoy que arrasan su presente y se plantan en él, para sepultar un poco el pasado..., hasta que nuevas voces, repitan el ciclo. Esto le ha pasado a los poetas que brillan en esta colección, con la excepción de Reinaldo Arenas, que ha mantenido una constante vigencia. Pero todos merecen un renacer literario, y este libro bien podría serlo, incluso, resultar un motor de búsqueda para que las nuevas generaciones se identifiquen con el decir y las inquietudes de las que las precedieron.

Mantener *Poesía exiliada y pateada* inédito por más tiempo, sería una falta, una irresponsabilidad. Muchos lectores se reencontrarán con Jorge Oliva, René Ariza,

Reinaldo Arenas, Roberto Valero, Esteban Luis Cárdenas y Leandro Eduardo "Eddy" Campa. Otros sabrán de ellos por primera vez. Pero todos, sin duda alguna, hallarán poemas sorprendentes e intensos.

Made in the USA
Monee, IL
30 April 2021